PREMIÈRE ÉPITRE

A M. TRUCHOT

CONSEILLER GÉNÉRAL DU CANTON D'ÉPINAC,
MAIRE DE LA VILLE D'AUTUN, SUPPLÉANT DE LA
JUSTICE DE PAIX DE LA MÊME LOCALITÉ
ET OFFICIER D'ACADÉMIE

PAR

Lazare DUVERNE

Prix : **30** Centimes

AUTUN
IMPRIMERIE DE PAUL POIRSON
1881

PREMIÈRE ÉPITRE

A MONSIEUR TRUCHOT

CONSEILLER GÉNÉRAL DU CANTON D'ÉPINAC.
MAIRE DE LA VILLE D'AUTUN, SUPPLÉANT DE LA
JUSTICE DE PAIX DE LA MÊME LOCALITÉ
ET OFFICIER D'ACADÉMIE

Monsieur,

Nous avions lu dès son apparition et avec toute l'attention qu'elle méritait, votre longue circulaire aux Électeurs d'Autun, et bien que nous y fussions nominativement désigné, nous n'avions pas cru devoir y répondre.

Voici quelques-unes des considérations qui avaient arrêté notre plume : notre seule intention, en prenant une part active aux élections d'Autun, était de ramener l'apaisement dans les esprits et la concorde dans le parti républicain. — Si nous eussions répondu à ce moment, certaines personnes n'auraient pas manqué, dans un intérêt facile à comprendre, de nous accuser d'attiser le foyer déjà trop incandescent de nos dissensions locales.

Nous avions aussi l'espérance, pour ne pas dire la certitude, que le blâme qui vous avait été infligé par les Électeurs présents à la réunion tenue le 3 janvier à l'Hôtel de Ville, serait ratifié par le suffrage universel.

Enfin, à l'issue de cette réunion, nous vous avions considéré comme un homme mort désormais à la vie politique, et, par un sentiment tout naturel de délicatesse, nous avions senti notre cœur plein de commisération pour vous, Monsieur, dont la chute était aussi profonde que méritée. — Nous n'avons pas l'habitude de donner le coup de grâce au vaincu qui tombe ni de piétiner sur un cadavre politique.

C'en était donc fait de vous, et le scrutin du 9 janvier eût pleinement confirmé celui du 3, si les partis réactionnaires n'étaient venus vous apporter un appoint de 200 suffrages au moins : nous pourrions dire 250 sans sortir de la vérité. — Nous le prouverons du reste d'une manière péremptoire à la fin de cette brochure.

Mais puisque, comme le Phénix, vous avez pu renaître de vos cendres; puisque, jeté à l'eau par les républicains, vous vous êtes fait repêcher par les réactionnaires; puisque sans tenir compte de l'opinion publique notoirement exprimée, vous n'avez pas craint de jeter un véritable défi au suffrage universel en posant à nouveau votre candidature à la Mairie d'Autun; puisque vous vous cramponnez au pouvoir comme la pieuvre au rocher; puisque nous lisons à l'*Officiel* votre nomination de Maire d'Autun, nous croyons qu'il est de notre devoir de sortir aujourd'hui du silence que nous nous étions imposé jusqu'alors.

De la première partie de votre circulaire nous dirons peu de chose, ne voulant rien ôter aux éloges pompeux que vous y faites de votre administration, ni aux louanges que vous vous y décernez avec tant de prodigalité.

Toutefois, vous voudrez bien nous permettre de vous faire observer que tous les grands travaux qui ont été exécutés sous votre administration, avaient été résolus ou votés par l'ancienne municipalité.

Mentionnons aussi, mais seulement pour mémoire, le passage où vous faites implicitement appel aux voix réactionnaires.

Ceci, Monsieur, est entre vous et votre conscience; ceci ne nous regarde pas.

Nous arrivons de suite à la seconde partie de cette circulaire, qui n'est rien autre chose qu'une longue diatribe contre le parti républicain, auquel nous tenons à honneur d'appartenir, et dans laquelle la bonne foi même ne saurait excuser la violence des expressions; nous ne pouvons vous suivre dans cette voie. Notre réponse, Monsieur, sera écrite en termes courtois et parlementaires : nous autres *Démagogues*, nous sommes, quoique vous en puissiez dire, des gens polis et bien élevés. — Nous n'avons jamais lu *Nana* et la langue de Zola nous est entièrement inconnue.

Tout d'abord nous lisons ceci :

« Mon respect pour la discipline du parti républi-
» cain, en matière d'élections, me faisait un devoir
» de me conformer aux résolutions de la réunion du
» 3 janvier, mais j'ai dû mettre de côté tout scrupule
» en présence des agissements de M. Magnien, soit

» dans les cafés, soit dans les comités réunis par lui,
» agissements qui ont jeté le désordre dans le parti
» républicain. J'ai parlé des agissements pour ne pas
» dire des intrigues de M. Magnien. »

Vous avez, dites-vous, Monsieur, du respect pour la discipline républicaine et pour le prouver, vous commencez par l'enfreindre de la manière la plus grave. Allons, permettez-nous de rétablir votre phrase et d'entrer pour un instant dans votre pensée : Je suis plein de respect, vouliez-vous dire, pour la discipline du parti républicain, mais à la seule condition qu'elle me soit profitable.

Vous dites aussi avoir mis de côté tout scrupule : cette inquiétude de conscience qui fait hésiter tout cœur honnête sur le point de commettre une action dont l'irréprochabilité ne lui est pas parfaitement démontrée, vous honore grandement. — Avoir des scrupules en cette circonstance surtout, c'était bien; les mettre de côté, c'était mal, Monsieur, bien mal ! Il est vrai que vous ne vous êtes décidé à ce douloureux sacrifice qu'en présence des agissements et des intrigues de M. Magnien. Cette restriction, qui évidemment vient ici pour l'acquit de votre conscience, est une preuve surabondante que vous vous sentiez engagé dans une mauvaise voie; mais peut-être pensez-vous que la fin toujours justifie les moyens.

En vérité, Monsieur, en vous entendant parler des intrigues et des agissements de M. Magnien, il nous a semblé entendre un voleur, pris en flagrant délit de vol, crier lui-même : au voleur ! Qui, en effet, a usé d'agissements ? qui donc a abusé de l'intrigue, si ce n'est vous et vos amis ? qui donc a machiné en conciliabules secrets, (nous croyons l'avoir démontré jusqu'à l'évidence dans notre discours du 3 janvier, puisque personne n'est venu démentir nos paroles), qui donc, disons-nous, a machiné cette conjuration contre l'ancien Maire? Qui donc a dirigé ces menées souterraines devant lesquelles ce magistrat fut mis, pour me servir de vos expressions, dans la nécessité de déposer son écharpe? Qui, je vous le demande, sinon vous et les vôtres? Qui donc a recueilli la succession de l'ancienne municipalité? A qui enfin les fonctions de maire et d'adjoints sont-elles échues? A vous, Monsieur, et à M. Bidault, votre *alter ego*, c'est-à-dire aux deux principaux promoteurs des agissements et des intrigues que vous reprochez si gratuitement à M. Magnien. Et voilà comment, vous et vos amis, avez semé le désordre au sein du conseil municipal et la division dans le parti républicain.

Vous continuez ainsi :

« J'en trouve la preuve, dites-vous, dans cette liste
» dressée par M. Magnien avec certains *faméliques*
» du parti républicain, hommes d'une orgueilleuse
» déraison, de basses convoitises et faisant du dénigrement leur unique occupation. Cette liste, M. Magnien ne peut la désavouer sans se souffleter lui-
» même et sans perdre l'appui de ses amis, Lazare
» Duverne et consorts. Il y a déjà longtemps que
» M. Magnien a fait alliance avec ces *démagogues*.
» Depuis juin 1879, époque où il fut mis dans la
» nécessité de déposer son écharpe. il tendit la main
» à Lazare Duverne qui, pour le relever, le présenta
» d'abord dans les réunions que vous savez et plus
» tard dans les cafés de Marchaux. »

Chaque mot de ce long paragraphe renferme une

inexactitude, pour ne pas nous servir d'une autre expression, ne pouvant nous départir en rien de la courtoisie inhérente à notre caractère et à notre éducation.

Hé bien ! n'en déplaise à MM. Truchot et consorts, nous affirmons de la manière la plus catégorique que, non-seulement cette liste n'a pas été dressée par M. Magnien, mais encore qu'il en a ignoré l'existence jusqu'au jour de son apparition, c'est-à-dire le 2 janvier.

Les auteurs de cette liste ne voulaient pas la faire connaître à M. Magnien, précisément parce qu'ils étaient bien assurés qu'il s'opposerait de toutes ses forces à sa publication.

Quant à nous, rien ne peut nous empêcher d'avouer que nous l'avons connue et même approuvée; il est vrai d'ajouter que, pour rester strictement dans le rôle que nous nous étions imposé au sujet des Élections, nous avions voulu faire rayer notre nom de cette liste, de même que nous avions refusé de nous laisser porter sur celle du comité Démocratique, mais sur la réponse qui nous fut faite que cette liste ne paraitrait pas si notre nom en était effacé, nous n'avons plus insisté. Notre but unique était de vous enlever, par ce moyen, un nombre de voix suffisant pour vous empêcher d'arriver en rang utile dans la liste du comité démocratique, c'est-à-dire dans les 27 premiers. Vous avez vu que cette manière de procéder a parfaitement réussi. Remarquez bien surtout, Monsieur, que par là nous n'avons manqué en rien au respect dû à la discipline républicaine, que vous paraissez vouloir mettre en avant ; — chaque citoyen ayant le droit de présenter librement à cette réunion préparatoire telle liste qu'il lui plaisait, nous avons usé de ce droit, rien de plus, rien de moins.

Si maintenant en nous gratifiant de la gracieuse épithète de « *famélique* » vous avez eu l'intention de de nous reprocher de souffrir habituellement de la faim, nous pourrions du moins vous répondre que ce n'est pas de la même manière, ni pour les mêmes raisons que vous la supportez parfois vous-même. Le bruit court en effet qu'il vous arrive d'imposer à votre estomac des tortures imméritées pour obéir aux caprices d'une *lésine* devenue proverbiale dans toute l'étendue de l'arrondissement. Mais telle n'a pas été votre pensée.

Vous avez voulu par le mot « *famélique* » rapprocher de l'expression « *basses convoitises* » stigmatiser en nous la soif immodérée des grandeurs.

Il vous sied très mal de nous adresser ce reproche; en effet, a-t-on jamais vu tête chargée à la fois d'autant de titres honorifiques que ne l'est la vôtre ? Ne craigniez-vous pas, Monsieur, que votre crâne *napoléonien*, malgré sa dureté apparente et ses vastes proportions, ne vienne à éclater sous cette avalanche d'honneurs et de dignités ? Qu'avez-vous donc fait pour la République ? Quels grands services lui avez-vous jamais rendus pour qu'elle répande à profusion ses faveurs sur votre personne ? nous torturons en vain notre mémoire pour le trouver. Aidez-nous, nous vous en conjurons ! Nos exigences seront modestes, et si vous pouvez nous prouver, qu'en dehors des sacrifices pécuniaires qui vous sont imposés par vos hautes fonctions, vous avez dépensé, pour la République, la seule valeur d'une *bouteille d'huile de navette,* nous vous passons un *bill* d'indemnité et nous vous proclamons le meilleur citoyen de notre ville.

Vous nous appelez aussi *démagogues*. Nous pourrions affirmer que, *tout officier d'académie que vous êtes*, vous ignorez complétement l'étymologie de ce mot ; nous nous garderons bien de vous la donner dans la crainte de vous voir pâlir sous vos palmes académiques; nous nous bornerons à vous dire que nous n'avons jamais eu l'intention *de conduire le peuple*, encore moins de nous en faire un piédestal pour arriver aux honneurs. Nous croyons cependant lui donner nos conseils quand il veut bien nous faire l'honneur de nous les demander. Si par Démagogues vous entendez parler des citoyens républicains du faubourg d'Arroux et de Marchaux, nous les aimons beaucoup, n'en soyez pas surpris. Notre connaissance avec eux date déjà de loin, de 1869, époque à laquelle vous osiez si peu vous dire républicain, que nous vous avons vu, de nos yeux vu, Monsieur, prendre la fuite au seul mot de République, prononcé par nous. Nous devons vous dire que souvent nous avons visité ces excellents citoyens que vous cherchez à insulter et que nous avons été à même de connaître toute la loyauté de leurs caractères et la sincérité de leurs sentiments démocratiques. Nous avons admiré bien des fois leur absolu dévouement à cette grande cause républicaine pour laquelle nous avons combattu *avec eux* si longtemps. Personnellement, nous avons reçu de ces honnêtes citoyens des témoignages de sympathie et d'estime que nous n'oublierons jamais. En un mot nous tenons à grand honneur leur franche et loyale amitié et notre seule ambition est de la conserver.

Un dernier mot et j'ai fini.

Nous vous avons plaint, Monsieur Truchot, *dans votre chute à la réunion du 3 janvier, mais nous vous avons plaint davantage depuis que, abdiquant toute dignité, vous vous êtes jeté dans les bras de la réaction.*

Vous êtes rentré parmi les vôtres. Restez-y. Le parti républicain ne vous compte plus au nombre des siens !

Si la personne habile, qui a écrit votre circulaire aux Electeurs d'Autun, voulait bien nous honorer d'une réponse, elle nous ferait plaisir. Dans cette brochure, au cadre trop restreint, nous n'avons pu tout dire. Il nous reste encore bien des vérités à faire connaître à la population autunoise, bien des faits à dévoiler, bien des masques à faire tomber.

Sur ce, Monsieur, nous souhaitons que nos paroles vous soient légères.

Lazare DUVERNE.

Nous avons promis de prouver dans le corps de cette brochure que M. Truchot, sans l'appoint des voix réactionnaires, n'aurait pas été élu conseiller municipal.

Nous allons le démontrer.

TABLEAU SYNOPTIQUE
des suffrages obtenus aux Elections municipales du 9 Janvier 1881, par M. Truchot et ses amis

TRUCHOT	BIDAULT	DEVELAY	REBREGET	LAGIER
793	550	548	544	541

Ces cinq noms avaient été éliminés au scrutin préparatoire du 3 janvier.

Au scrutin du 9 janvier, le groupe dont M. Truchot faisait partie, obtient un chiffre de voix variant de 550 à 541.

M. Truchot seul en obtient 793, soit une moyenne de 250 voix de plus que ses amis.

Il est donc matériellement établi que l'appel à la réaction a été entendu.

Cette démonstration faite, s'il restait encore le moindre doute dans l'esprit de quelques républicains, nous pourrions ajouter que nous avons suivi, avec la plus grande attention, les opérations du dépouillement, et que, dans chaque bureau, nous avons remarqué un nombre relativement considérable de bulletins où tous les noms, à l'exception de celui de M. Truchot, étaient rayés d'une manière uniforme.

D'où sortaient ces bulletins, si ce n'est de la réaction ?

Autun. — Imp. PAUL POIRSON.

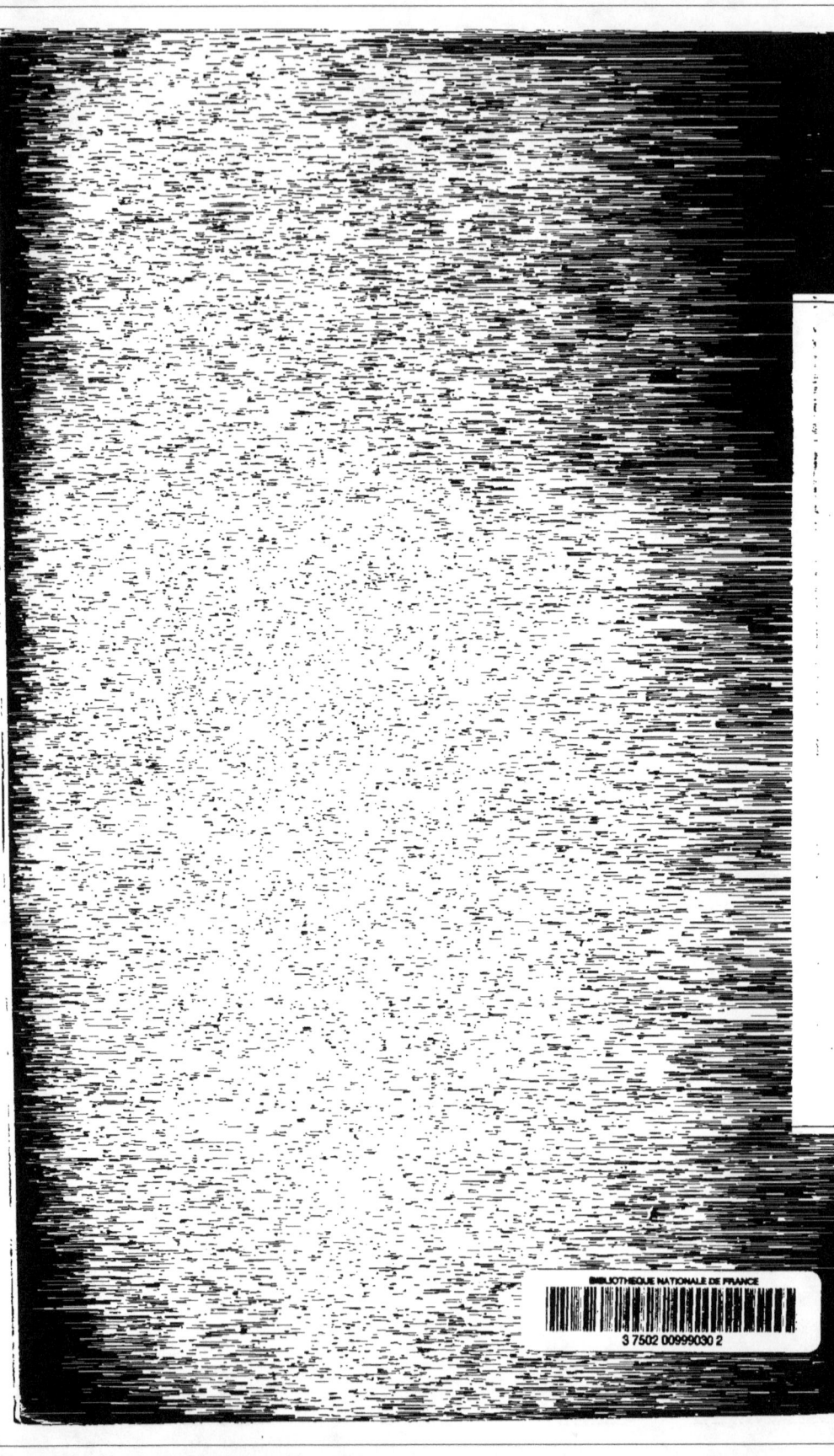

www.ingramcontent.com/pod-product-compliance
Lightning Source LLC
Chambersburg PA
CBHW071414060426
42450CB00009BA/1884